DE

LA MONARCHIE

AVEC

LA CHARTE.

Cet Ouvrage paraît en quatre Parties de
vingt à vingt-cinq Chapitres chaque ; leur
pagination étant suivie , elles peuvent se bro-
cher en un seul Volume. Les deux premières
Parties ont déjà paru : la 3° et la 4° suivront
de près.

DE
LA MONARCHIE
AVEC
LA CHARTE.

PAR M. C.-M. LÉON DE SAINT-MARCEL.

Il n'y a qu'un pas de la Fronde à la Ligue.

DEUXIÈME PARTIE.

PARIS,
CHEZ LES MARCHANDS DE NOUVEAUTÉS.

Imprimerie de J.-L. CHANSON, rue Montmartre, N° 113.

1816.

DE
LA MONARCHIE
AVEC
LA CHARTE.

SECONDE PARTIE.

—✳—

CHAPITRE XXVI.

Que le Ministère ne doit pas être plus nombreux qu'il l'est.

———

IL faut diviser, sans doute, autant qu'il est possible, le travail, et multiplier les moyens; mais il faut concentrer la responsabilité, ou si des Ministres responsables sont appelés au conseil, en plus grand nombre, les discussions se compliquent par le fait même. Çe n'est pas dans notre pays que plus de conseillers produisent plus de sagesse : en France, il faut que quelques hommes prennent un parti pour tous : bon ou mauvais, la multitude obéit docilement à l'impulsion donnée.

Si le travail d'un Ministère surpasse physiquement les forces d'un homme, ce n'est pas sous le rapport de la responsabilité, car elle ne consiste pas, comme on a voulu l'insinuer, dans une multitude de points contentieux, mais, ainsi que la Charte l'a fixé, dans les faits très-évidens de trahison ou de concussion; faits indivisibles, et dont un homme est seul innocent ou seul coupable. N'est-ce que sous le rapport matériel des détails ? une ordonnance royale y a pourvu en instituant des Sous-Secrétaires d'État et des Directeurs-Généraux d'administrations.

On ne gagnerait donc rien à diviser la responsabilité ; le travail l'est déjà.

———

CHAPITRE XXVII.

Qualités nécessaires d'un Ministre sous la Monarchie
constitutionnelle.

———

L'ÉLOQUENCE des résultats est celle qui convient le mieux à un Ministre, celle dont l'Histoire garde le souvenir.

Une élocution ferme, claire et concise, c'est ce qu'il possède nécessairement.

Ce Ministre évitera d'affecter une complaisance banale ; il saura choisir les hommes, ménager ceux-ci, concilier ceux-là ; il en heurtera quelques-uns.

Il n'expliquera jamais ses plans ni son système, mais il les indiquera par ses affections ou ses inimitiés, qu'il doit avouer assez haut pour que tout ce qui l'approche n'ignore ni ses vues ni sa marche. Ses moyens, voilà son secret. Il frappera des coups inattendus.

———

CHAPITRE XXVIII.

Qui découle du précédent.

———

Un tel Ministre aura sans doute assez d'esprit pour bien connaître celui des Chambres : mais ce ne sera pas pour le suivre, qu'il l'étudiera : ce serait mal le connaître, ou du moins inutilement, que de ne pas le diriger.

Nous ne discuterons pas la conduite du Ministère envers la dernière Chambre, ni celle de la Chambre à l'égard du Ministère. Le Roi a porté son jugement sur ce sujet par l'ordonnance du 5 septembre : les journaux officiels des différens pays avaient déjà fait connaître l'opinion de l'Europe ; la France s'est assez expliquée elle-même par le mouvement que la dissolution de la Chambre a imprimé à l'opinion publique.

Il ne reste donc aucune incertitude sur l'unanimité des sentimens de tous les hommes éclairés en Europe, et de la masse la plus considérable de la population en France sur les points de discussion qu'on cherchait à élever encore dans la grave question des inté-rêts des peuples et de l'esprit du siècle.

La Charte avait résolu en droit cette impor-tante question ; l'impression produite par l'ordonnance du 5 septembre l'a résolue de fait. Ainsi se sont accordées les volontés du Monarque et du peuple. Le Roi et la France se sont entendus.

Non, ce n'est pas une fille sanglante de la Convention qui sortira de cette union noble et salutaire, c'est une assemblée vraiment royaliste et nationale, qui ne préméditera pas une opposition invariablement convenue contre tels hommes ou tels principes, qui se défendra de toute prétention exclusive au véritable royalisme, qui comprendra tous les besoins de la France, enfin à qui l'on parlera de Dieu, pour faire adorer sa clémence; du Roi, pour révéler ses intentions paternelles; de la France, pour ranimer cet amour de la patrie, sentiment illusoire tant que des obs-tacles seront opposés à la réconciliation una-nime de tous les Français !

Si un Ministre doit proposer à cette Chambre quelque mesure dans le sens des *intéréts nés de la révolution*, et consacrés par la Charte constitutionnelle, on n'entendra pas la Chambre se récrier *sur les principes et les hommes de la révolution* et *sur les intérêts révolutionnaires* : elle saura que cette dernière dénomination n'appartient qu'aux mesures qui tendent à l'innovation, au déplacement ; et que tout ce qui confirme la stabilité des institutions même nées dans l'intervalle des vingt-cinq ans, est essentiellement monarchique. Révolutionner, c'est détruire, déplacer ou changer : le système de la Monarchie suppose avant tout les idées de conservation.

On ne demandera point à cette Chambre de donner des gages à la révolution ; ils sont donnés par la loi fondamentale de l'Etat ; mais aussi elle ne tentera point de dégager la parole royale.

Si les places données ou promises ne sont pas tout en France sur quelques membres de l'opposition, j'en suis fâché pour eux : car, si en devenant les gens du Roi ils ne renoncent pas à se faire les hommes de quelques intérêts privés, que signifie donc leur royalisme ? Oh ! s'ils étaient les hommes des intérêts de tous, je ne m'étonnerais pas qu'ils se fissent scrupule d'être les gens du Roi, avant de s'être convaincus, comme on l'est aujourd'hui, que l'homme du Roi est aussi l'homme du peuple.

Quelques politesses de salon, quelques louanges dans les journaux, voilà, dit-on, ce qui suffisait à ces hommes éminemment désintéressés : ils ont eu tout cela, même après la dissolution de la Chambre. On nous cite des faits, des noms et des détails; il me prend fantaisie de citer à mon tour.

Un ex-Député (et j'aime à faire savoir qu'il a été désavoué par ses concitoyens qui ne l'ont pas réélu), a dit, le 5 septembre, après avoir lu l'ordonnance de ce jour : *il ne nous reste que la guerre civile.*

Des Français contre la France, des royalistes contre le Roi, ce spectacle manquait à la génération, témoins de trente ans de malheurs et de crimes !

C'est que l'on perd de vue, en France, la suite des idées et l'entraînement des actions : l'esprit français, tout entier au moment, ne prévoit pas toutes les conséquences : il n'y a qu'un pas de la Fronde à la Ligue.

CHAPITRE XXIX.

Quel homme ne peut jamais être Ministre sous la Monarchie Constitutionnelle.

Un Ministre doit pouvoir affronter, sous les rapports privés, la tribune publique ; car ce ne serait qu'aux dépens de son influence politique qu'il serait exposé à défendre sa considération personnelle. Il y a presque de la niaiserie à faire sentir, par exemple, qu'un régicide ne peut pas être le Ministre d'un Roi, et de quel Roi? du frère de la royale victime.

Mais, sans chercher aussi loin des termes de comparaison, il n'est peut-être pas inutile de faire remarquer aux hommes qui se laissent aveugler sur eux-mêmes, et qui s'oublient pour ne songer qu'aux autres, qu'un personnage qui, à différentes époques d'une longue révolution, aurait donné des preuves publiques de quelque versatilité d'opinions, en publiant tour-à-tour l'éloge ou la censure d'un usurpateur, et l'apologie successive

du gouvernement républicain ou du monarchique ; qui, parlant sans cesse de religion,
ne parlerait pas moins de proscriptions et de
vengeances ; qui, comblé des bienfaits d'un
Roi, n'imaginerait, dans sa reconnaissance,
rien de plus honorable en faveur du Monarque que d'opposer sa pensée à sa volonté ;
on peut assurer, je crois, qu'un tel personnage n'aurait jamais qualité de Ministre du
Roi.

On priait Thémistocle dans un festin de
jouer du luth : il répondit qu'*il ne savait point
jouer de cet instrument, mais que d'un petit
bourg, il en ferait une grande ville.* Avis à
ceux qui, habiles à manier la plume, croyent
pouvoir tenir d'une main aussi ferme le timon
d'un Etat.

CHAPITRE XXX.

Du Ministère de la Police. De son incompatibilité prétendue avec une Constitution libre.

———

COMMENT tel ou tel Ministère peut-il être incompatible avec la Charte ? Dans quel article, en quels termes prononce-t-elle cette exclusion? Depuis quand l'autorité royale est-elle enchaînée dans le choix de ses moyens ? Quel pouvoir indiquera à la Couronne le nombre et la nature de ses ressources ? Veut-on reproduire, dans toute leur imprudence, les doctrines de l'Assemblée nationale ?

Non, il n'existe point, sous une Monarchie constitutionnelle, d'autorité qui puisse prescrire au Monarque la proportion des moyens qu'il croit utile à la défense de ses prérogatives ; et la Charte n'exclut pas tel ou tel Ministère, parce qu'elle admet collectivement tous les Ministres dont le Roi croit les services utiles à sa puissance et à sa sûreté.

C'est ignorer bien étrangement l'état de la

France , et la nature des attributions du Ministère de la police , que de voir seulement
dans cette haute magistrature politique une
autorité inconstitutionnelle. Je ne sais pas si
la police est incompatible , en effet , avec la
Charte ; mais ce dont j'ai la certitude , c'est
qu'elle est très-compatible avec les partis et
les factions; et , à ce titre, on pourrait s'en passer aujourd'hui moins que jamais en France.

Ce n'est point parce que la liberté indivi-
duelle est suspendue , qu'il faut une police ;
ce ne serait point parce que *l'habeas corpus*
serait rétabli , qu'il n'en faudrait pas ; elle ne
tend pas à étouffer l'opinion ou à l'altérer ;
et certaines gens trahissent trop ouvertement
leur secret en arguant contre l'existence de la
police , de ce qu'elle n'existait pas dans l'ancien régime. Je ne sais qu'admirer davantage
de l'ignorance ou de la mauvaise foi qui a
dicté de telles assertions. Voici pourquoi un
Ministère de la police générale existe, et doit
être maintenu : je ne l'expliquerai point par
de vagues théories ; les faits parleront seuls.

Après vingt-cinq ans d'absence , les concitoyens d'une même patrie , les sujets d'un
même Roi se rencontrent sous le climat de
France , au pied du trône légitime , sans se

reconnaître d'abord : le Roi seul a reconnu tous ses enfans , tous les Français ! Ceux - ci croyent avoir quelque chose à se redemander entre eux ; le Roi cependant ne leur demande que de s'aimer les uns les autres. Il y a eu des déplacemens d'hommes et de choses ; des intérêts ont été froissés , des cœurs aigris , et tous les regrets ne sont pas moralement injustes : la politique a prononcé irrévocablement.

Cependant une loi à l'exécution de laquelle coopèrent les Ministres de la justice et de la police , a été portée le 9 novembre contre les les actes , discours et cris séditieux, L'art. 8 de cette loi est ainsi conçu :

« Sont coupables d'actes séditieux toutes
» personnes qui répandraient ou accrédite-
» raient soit des alarmes touchant l'inviolabi-
» lité des propriétés qu'on appelle nationales,
» soit des bruits d'un prétendu rétablisse-
» ment des dîmes ou des droits féodaux, etc. »

Est-ce au Ministère de la justice que vous abandonnerez l'exécution entière de cet article ? Comment fixera-t-on le point où finit le regret, où commence la plainte ? Qui déterminera ce qui devient criminel, ou ce qui n'est qu'imprudent ? Les larmes du regret

sont-elles donc toujours justiciables du Pro-
cureur du Roi.

C'est avec de tels hommes, c'est dans des
cas semblables que l'intervention de la police est nécessaire; c'est par elle que l'imprudence est avertie de ne point s'abandonner :
on prévient l'égarement, on évite la peine :
à quel Ministère appartiendrait un soin aussi
paternel? Voilà pour les intérêts privés; con-
sultons encore les intérêts publics.

Le Gouvernement lui-même ne connaît pas
toujours, dans tous les détails convenables,
les hommes qui briguent les emplois ou qui
captent les grâces. Est-ce par une enquête ju-
ridique que l'on constatera leur moralité personnelle et leur existence politique. Combien
la police épargne d'erreurs aux gouvernans
en marquant de ses révélations les hommes
qui se présentent à eux, et que de réputations
usurpées, dans tous les genres, tomberaient,
s'il en était besoin, devant les dossiers pou-
dreux que renferment ses archives!

Qu'a-t-on essayé depuis juillet 1815 ? De
créer un parti dans le sein même des amis
de la légitimité et de la patrie. De quels
hommes s'est-il recruté le plus souvent ?
D'hommes que leur caractère ou leur posi-

tion faisait nécessairement hommes de parti ; car c'est aussi une profession. Quels abus en sont résultés ? l'exagération de la conduite du parti et le discrédit des principes qui l'animaient. Mais ces hommes si ardens étaient-ils donc restés calmes pendant vingt-cinq ans, et leur caractère ne les avait-il jamais entraînés dans des excès semblables, quelque différentes que les causes en fussent d'ailleurs ? Sans doute, ces hommes ont été toujours des hommes de parti ? C'est ce qu'il importerait de prouver, pour détromper à la fois et le Gouvernement et le peuple. Qui pourra donc scruter ainsi leur conduite passée et leur conscience présente ? qui ? la police seule. Que ces archives révolutionnaires où sont déposés les fastes des partis, les annales des factions et les confessions politiques de tant d'hommes, soient ouvertes un moment, et la police aura fermé pour toujours la bouche des plus intrépides discoureurs !

Un ancien a fait le souhait que les cœurs des mortels eussent une fenêtre ouverte à tous les regards. Félicitons-nous d'avoir, dans notre pays, après vingt-cinq ans de désordre, les matériaux tout prêts et tout ordonnés de l'histoire secrète des consciences politiques de tous les hommes que le Gouvernement est le plus intéressé à connaître.

Respect et reconnaissance à ces archives de la vérité, lorsque tant d'hommes se montrent empressés de profiter de l'erreur du premier moment.

Nous détaillerons dans les chapitres suivans les avantages plus universels et plus immédiats de la police générale, considérée, ainsi qu'elle doit l'être, comme Ministère politique.

CHAPITRE XXXI.

Qu'un Ministre de la Police générale est à sa place dans une Chambre de Députés.

—

On s'est beaucoup plaint de déclamations dont la dernière Chambre des Députés aurait été l'objet dans les feuilles publiques. Je doute qu'aucun journaliste se soit permis à à l'égard des membres de cette assemblée une allégation plus injurieuse que celle qu'un de leurs défenseurs le plus zélé a mal adroitement insinuée contre eux. Il craint dans une Chambre de Députés la présence d'un Ministre de la Police qui n'écoute, dit-il, les opinions que pour connaître l'homme qu'il faut un jour dénoncer, frapper ou corrompre.

Malheur à nous, si des Députés n'exprimaient à la tribune, ou dans des comités secrets que des opinions qui dussent les mettre dans le cas d'être un jour *dénoncés* ou *frappés* par un Ministre du Roi! Malheur encore si la Chambre se compose d'hommes

(93)

dont un Ministre peut préméditer la corruption avec espoir de succès.

Qui, d'un tel Ministre, ou d'un tel Député,
ne devrait point siéger dans la Chambre? La
réponse n'est assurément pas douteuse.

A la tribune, un Ministre de la Police
peut parler de liberté, parce qu'il sait qu'elle
est affermie par la répression même de la li-
cence, et que les arrestations qu'il ordonnera
peut-être en descendant de la tribune, sont
autant de garanties de la liberté publique ; il
s'exprimera d'une manière décisive sur le
budget, parce que la connaissance parfaite de
l'opinion publique le rend juge compétent de
la nature des impôts et de leur popularité
présumable, (car c'est l'opinion qui paie les
impôts (1);) s'il donne une boule noire
contre toute loi tendant à supprimer les éta-
blissemens de jeux, à fermer les lieux de dé-
bauche, c'est au nom de la morale publique
qu'il opine dans ce sens, parce qu'il sait que
quelques créatures dépravées sont, de fait,

____

(1) Des quatre-vingt-six départemens de la France, il en est
plus de soixante où l'opinion publique s'est manifestée en faveur
de l'ordonnance du 5 septembre , par l'empressement que les citoyens ont mis à solder leurs contributions. Je prends à témoin
les receveurs du trésor.

8

les gardiennes de la pudeur de nos filles et de la vertu de nos épouses!

Voilà ce que le bon sens a enseigné dans tous les temps et dans tous les lieux; voilà ce que la mauvaise foi d'un parti peut trouver convenable de méconnaître en cas de besoin.

CHAPITRE XXXII.

Que la Police ne lève point d'impôts.

———

On a faussement prétendu que la police générale levait des *impôts*. C'est un abus de mots, comme on est habitué d'en commettre dans la langue des partis; il sera facile de le démontrer.

L'impôt est une taxe obligatoire levée légalement sur la propriété ou sur l'industrie : je dis obligatoire, puisqu'on y est soumis par le fait seul de la possession d'un bien, je dis levée légalement, parce que c'est en vertu d'une loi.

La légalité de l'impôt établit donc implicitement la légalité de la propriété ou de l'industrie; car on ne paie d'impôt que comme propriétaire légitime d'un bien ou comme exploitant une industrie avouée.

Une industrie non avouée n'est donc point soumise à un impôt légal, et si la chose imposée n'est pas de nature à figurer dans le budget d'un Etat, l'impôt qui en provient ne peut pas y figurer davantage ; car un impôt, même légal, ne pourrait légaliser une industrie coupable ou immorale.

C'est précisément parce que les maisons de jeu n'ont été que tolérées, mais non protégées dans les sociétés modernes, que la taxe dont elles sont frappées ne peut être mise au rang des revenus de l'État, ou si vous en portez le produit au budget, vous en indiquerez la source, et vous protégerez, en les avouant dans la loi la plus généralement applicable, l'industrie imposée, et les moyens de perception. Qu'y a-t-il de plus contraire à la morale ?

Voulez-vous abolir les maisons de jeux ? vous ne le pourriez pas.

Voulez-vous les tolérer gratuitement ? Il seroit trop curieux de voir la propriété légitime et l'honorable industrie imposées à un prix élevé, et le vice clandestin toléré sans rétribution.

Est-ce donc du montant seul de ce produit que vous êtes effrayé ? En vérité, vous êtes bien avare de l'argent des joueurs, vous qui, dans la discussion d'un budget, seriez peut-être fort prodigue de celui des propriétaires.

S'il y a des vices nécessaires dans la société,

c'est par la fiscalité qu'il faut punir ceux que la politique est forcée d'admettre.

La taxe sur les jeux n'a donc rien de commun avec les articles 47 et 48 de la Charte. Quant à la taxe sur les journaux, elle s'explique par la nature même de l'objet imposé, et se justifie par l'emploi auquel elle est consacrée exclusivement.

C'est bien le moins que les spéculateurs qui obtiennent le privilége d'exploiter à leur profit les actes de l'autorité, les nouvelles de cour et d'administration, et toutes les autres parties des relations du Gouvernement avec les gouvernés, rétribuent le prix d'une patente proportionnée au produit de ce genre d'industrie. Les événemens politiques et les hommes publics forment le fonds de cette industrie; les publications ou les communications faites particulièrement par l'autorité, en sont les moyens; la curiosité publique fournit au revenu; je ne crois pas injuste que le Gouvernement en recueille une portion, comme garantie de l'usage qui sera fait de ses actes. Les partisans mêmes de la liberté de la presse ont reconnu, au moins, la nécessité temporaire d'une censure des journaux. Comme le danger est dans l'existence et la rédaction du journal, il est assez convenable que les dépenses occasionées par les précautions jugées nécessaires, c'est-à-dire les traitemens des censeurs, soient alimentées par les rétributions des journaux mêmes.

On sait encore, et nous admirerons ici quel principe de justice morale règle l'emploi de ce fonds extraordinaire, on sait que des pensions accordées aux gens de lettres par Sa Majesté, sont affectées sur le produit de cette taxe.

Ainsi un journal qui, en chagrinant un pauvre auteur par de malins articles, aura intercepté le débit de son livre et desséché pour lui l'Hypocrène et le Pactole, contribuera, pour une part, à la pension que le Roi veut bien lui accorder, et, comme la lance d'Achille, guérira les blessures qu'il aura faites. Voilà, dans toute sa rigueur, la justice distributive; elle est rare en matière de politique.

J'ai dit et j'ai prouvé que *la police ne levoit pas d'impôts.*

CHAPITRE XXXIII.

Actes prétendus inconstitutionnels de la Police.

La police n'a donc rien de commun avec les articles 47 , 48 et 56 de la Charte ; on lui oppose l'article 64 : autre sophisme , qui n'est ici fondé que sur le sens forcé des mots , et j'admire à quelles petites ruses de ce genre on ne dédaigne pas de recourir. Un bon esprit avec de la mauvaise foi , devient nécessairement un esprit faux.

L'art. 64 de la Charte est ainsi conçu : *Les débats seront* PUBLICS *en matière criminelle , à moins que cette publicité ne soit dangereuse pour l'ordre et les mœurs ; et , dans ce cas ,* LE TRIBUNAL LE DÉCLARE PAR UN JUGEMENT.

Je demande à tous les hommes éclairés qui s'appliquent à l'étude des lois , si , en termes de jurisprudence , la *publicité* des débats n'est que leur insertion sténographiée dans les journaux ? La justice connait-elle donc la gazette ? Et veut-on dire autre chose en parlant de la *publicité* des débats, que la publicité de l'audience ?

Et l'on accuse la police d'intervenir en matière criminelle et d'attaquer les premiers principes de l'ordre judiciaire, en insinuant aux journaux une discrétion nécessaire sur telle partie des débats qui aurait mis en évidence des moyens secrets, dont l'emploi, consacré par l'usage de toutes les procédures, n'est légitimé d'ailleurs par les termes d'aucune législation.

Les débats en ont-ils été moins PUBLICS ? a-t-on fait évacuer l'auditoire ? a-t-on procédé à huis clos ?

C'est une bien malheureuse facilité que celle d'abuser ainsi des termes, pour établir sur de fausses acceptions, des imputations fausses. Serait-ce avec des contre-sens de mots et d'idées, qu'on essaierait par hasard de faire une contre-révolution dans les hommes et les choses ?

CHAPITRE XXXIV.

Que la Police générale est de toute utilité.

Le Ministère de la Police est, de tous, le moins indépendant du mérite personnel du Ministre : le matériel de la police appartient à l'administration locale : mais comme il n'y a point de matériel dans le Ministère de la Police, il n'y a point de bureaucratie : tout le Ministère est dans le cabinet du Ministre.

Il serait donc aussi injuste d'arguer de l'événement du 3 nivôse contre la police actuelle, que d'invoquer en sa faveur l'adresse de M. de Sartines. Ni les choses, ni les hommes ne se ressemblent : la police morale de la société n'est point la police politique d'un royaume : la police des partis n'est point celle des rues.

On accuse la police de n'avoir point vu sous le Roi, en 1814, ce qui n'existait réellement pas ; non, une vaste conspiration ne s'est point formée pendant dix mois autour du trône, et les paquets de Napoléon n'ont point voyagé publiquement par la poste : c'est ici l'occasion de signaler un nouveau préjugé qu'on n'a pas eu de peine à persuader à des hommes qui n'en avaient déjà que trop d'anciens.

On a prétendu qu'une conspiration dont le plan datait de Fontainebleau, le 13 avril 1814, avait préparé les événemens du 20 mars 1815 : les rôles y avaient été distribués, les moyens préparés, les succès prévus, et les récompenses promises ; cela n'est ni vrai, ni vraisemblable.

L'argument le plus irrésistible qui ait été opposé à ces allégations, a été fourni par les hommes eux-mêmes, qui, dans le cas contraire, auraient procuré des preuves nombreuses de l'existence d'une conspiration. Buonaparte est entré à Paris le 20 mars, il ne s'en est éloigné que le 15 juin, et, dans l'intervalle de ces trois mois, il ne s'est pas élevé du milieu d'hommes avides d'argent et de places, une voix qui revendiquât l'honneur et les profits d'une conspiration. Pas un n'a réclamé le prix de perfidies même supposées ; nul ne s'est avoué traître, au moment où c'eût été se proclamer fidèle.

Lavalette a été condamné pour avoir usurpé des fonctions, à l'aide de la force, et calomnié par estafette les sentimens des Parisiens, le 20 mars au matin; on ne lui a opposé dans la procédure aucun fait antérieur à ce délit : quant aux prétendues correspondances qui auraient circulé librement de Porto-Ferrajo sur tous les points de la France, pendant les dix premiers mois de la restauration, les précautions à cet égard étaient telles au contraire, que moi, qui n'appartenais, sous aucun rapport, à l'administration des postes ni au Ministère de la Police, j'ai tenu entre mes mains les correspondances interceptées de Joseph Buonaparte, alors retiré dans le pays de Vaud, et du général Bertrand, fixé à l'île d'Elbe : les lettres étaient purement familières, et ne traitaient que d'intérêts privés. J'aurai lieu d'approfondir cette question dans les chapitres réservés à l'examen des actes du premier ministère. Je reviens au texte de ce chapitre.

Si l'on n'essaye de prouver l'inutilité de la police que par des énonciations évidemment fausses, il devient très-facile de prouver son utilité, à l'aide de faits positifs et de résultats certains. L'existence même de ces polices particulières, auxquelles on se plaît à attribuer des découvertes factices, est la première excuse de la nécessité de la police générale. Nous le prouverons plus en détail dans le cours de cet ouvrage. Examinons sommairement les faits sur lesquels on motive son inutilité.

C'est un argument bizarre, par exemple, contre la police actuelle que les fautes de la police passée, et l'on ne s'attendait guères à entendre reprocher à la police française, sous le règne du Roi légitime, de n'avoir prévu ni l'attentat du 3 nivôse, ni l'entreprise de Mallet. Etrange aveuglement d'hommes qui, tout empressés de découvrir des torts dans les choses ou les personnes qui les offusquent, ne s'aperçoivent point où les entraîne cette injuste manie : les poëtes se seraient montrés grands moralistes s'ils avaient représenté l'Envie aveugle et sourde !

Sans examiner donc si la machine dite *infernale*, et la tentative de Mallet, n'ont eu un commencement de succès que par l'imprévoyance de la police de ces temps, nous bénirons la justice céleste d'avoir donné à la police actuelle assez de lumières pour l'avoir conduite sur les traces des infâmes auteurs du

Nain Tricolore, et des conspirateurs connus
sous la dénomination de *Patriotes de* 1816.
Je ne m'étonnerais pas cependant qu'après
avoir imaginé de reprocher à la police la
presque réussite du 3 nivôse, et de l'entreprise de Mallet, on n'eût l'heureuse idée de
lui faire un crime d'avoir déjoué les criminelles espérances de Babœuf et l'attentat anar-
chique de Pleignier ! Telles sont les inconséquences de la mauvaise foi !

Quant à l'attaque de Grenoble, dans la nuit
du 4 au 5 mai dernier, l'importance de cette
affaire a été fort exagérée à cette époque, et
le Moniteur en a donné l'explication la plus
satisfaisante, en publiant la liste des morts,
composée de cinq noms. Trois cents paysans,
la moitié sans armes, ont été ameutés dans
une soirée ; encore l'a-t-on su quelques heures
d'avance : quelle induction tirer de ce fait ?

Voilà pour ce qui concerne la sûreté du
Gouvernement contre les entreprises de ses
ennemis. Il serait aussi pénible que long et
délicat d'expliquer l'utilité de la police par
les dangers du zèle des prétendus amis du
Gouvernement ; nous nous permettrons toutefois quelques réflexions sur ce sujet.

(105)

Si l'on veut bien considérer la situation des esprits en France, et la position relative des partis entre eux, on ne verra que dans le silence de toutes les prétentions, le gage de la paix intérieure et du règne tranquille de la légitimité. Il n'y a en France ni vainqueurs ni vaincus ; il y a des Français et des sujets du Roi. Le silence des partis assure donc leur soumission ; mais que sera - ce, si les citoyens d'un même Etat sont séparés en deux classes distinctes, dont l'une usurpe la mission de surveiller l'autre ? Que reste-t-il à faire au Gouvernement avec cette police aristocratique ?

Les dangers des *sociétés secrètes* dans un royaume où le volcan des révolutions fume encore, sont incalculables. Il aurait fallu instituer contre elles un Ministère de la Police générale, s'il n'avait pas existé déjà ; car il est effrayant de penser avec quelle ardeur ces sociétés qui n'avaient que la prétention de sauver l'Etat, employaient tous les moyens de le perdre.

Lorsque l'usurpation s'était assise sur le trône des Bourbons, les fidèles serviteurs du Roi, voués à la proscription, ne conservaient quelque espoir et quelque force, qu'à l'abri de ces associations mystérieuses qui, suivant l'occasion, et à la faveur des circonstances, s'établissant à côté des autorités alors reconnues, entravaient leur marche, jetaient de l'incertitude dans leurs opérations, et jusques sous la plus ombrageuse et la plus puissante des tyrannies, préparaient en silence le triomphe de la cause légitime et le retour de notre bon Roi; la cause légitime a triomphé; le petit-fils de Henri IV est immuablement replacé sur le trône.

Sont-ce donc les mêmes hommes qui entravent aujourd'hui la marche de l'administration, qui jettent la confusion et le trouble dans sa marche? Quel est leur but? quelles prétentions ont-ils à faire valoir? et comment se fait-il qu'ils comptent des fonctionnaires dans leurs rangs? les temps de la ligue se seraient-ils renouvelés? Un semblable état de choses, s'il pouvait être toléré, ne servirait qu'à consacrer les succès éphémères d'une ambition factieuse qui usurperait les droits de la fidélité toujours soumise, et n'irait à rien moins qu'à la dissolution du corps social.

Non, les royalistes ne sont point dispensés d'être les sujets du Roi. C'est par lui, c'est pour lui, que les autorités sont en exercice. Quel rôle peut jouer un fonctionnaire public dans une association secrète? la dirige-t-il? est-il dirigé par elle? Sans doute, il ne parle pas au nom du Gouvernement qui le désavoue? Sans doute, il ne recommande pas l'obéissance, alors qu'il désobéit. Au mépris du caractère dont il est revêtu, et de l'opinion publique qu'on ne peut long-temps abuser, il subit une influence qui le place hors de la ligne de ses devoirs; il se laisse entraîner à un mouvement dont il faut bien qu'il sache qu'il ne sera jamais le régulateur.

Le Gouvernement a recueilli sur ce sujet de nombreux renseignemens : il sait tout, il veut tout terminer. C'est bien assez qu'il ait à chercher et à punir les factieux là où ils sont, là où de criminelles espérances et des tentatives plus criminelles encore les lui signalent, sans avoir à combattre un esprit de parti non moins funeste jusques dans les rangs de ceux qui, par besoin comme par conviction, doivent donner l'exemple de l'obéissance au Roi, et aux institutions qu'il a consacrées.

Il faut donc que les fonctionnaires soient éclairés sur le jeu d'intrigues contre lesquelles il est difficile que l'autorité puisse constamment être en garde.

Par exemple, on a beaucoup parlé de ras-

semblemens, de complots, de dépôts d'armes,
de signes mystérieux, de dangers imminens,
d'époques fatales. . . . . . et tout s'est évanoui,
quand il a fallu administrer des preuves. Telle
est la surveillance active de la police, que trois
hommes réellement dangereux ne se réuni-
raient pas impunément. Une surprise noc-
turne sur Grenoble, et dans le récit de laquelle tout s'est trouvé beaucoup exagéré,
comme il arrive au premier moment, cette
tentative insensée n'a servi qu'à mieux démontrer la force réelle de l'administration
publique et la surabondance des moyens dont
elle dispose. On n'en a pas moins répété que
les prétendus patriotes de 1816 avaient partout des agens, des complices et des affiliés.
Des mains étrangères à l'administration ont
pris soin de faire courir dans les départemens
des cartes saisies à Paris sur une classe de
factieux obscurs. On a transmis d'effrayans
commentaires. Des royalistes, des personnes
auxquelles leur rang et toutes les convenances,
non moins que l'intérêt de la sécurité publique
commandaient une sage réserve, ont fait cir-
culer avec affectation les proclamations ri-
dicules attribuées à ces mêmes hommes. On
n'a pas manqué de faire savoir que le 5 de tel

mois et puis le 15 , enfin le 20 , une vaste conspiration éclaterait et porterait par-tout l'embrasement. Ces alarmes étaient l'œuvre d'agens des sociétés secrètes.

Et dès long-temps la police , cette police qu'on entrave et qu'on accuse tour à tour, suivait de ses regards les factieux de la Capitale ; elle était au milieu de leurs projets ; elle les laissait mûrir ; elle a tout arrêté. Les objets de conviction sont tombés entre ses mains ; les tribunaux ont prononcé ; les coupables ont subi la peine de leur crime. Mais cette même police avait, dès l'origine, reconnu par qui, dans quelles vues et par quels moyens , l'action régulière du Gouvernement se trouvait contrariée : elle a laissé aux passions le temps de se calmer , aux fonctionnaires celui de se convaincre , par leur propre expérience , de l'indispensable nécessité de suivre la route ouvertement tracée, et de reconnaître que vouloir servir la Monarchie avec des moyens opposés à sa nature, et le Roi, malgré lui , c'est vouloir l'anarchie et le désordre.

Que les fonctionnaires soient donc seulement (et ils seront tout ce qu'ils peuvent et tout ce qu'ils doivent être), qu'ils soient seulement les fonctionnaires et les agens du Roi : forts de sa volonté, armés de la puissance de la loi, qu'ils dissolvent des sociétés secrètes qui ont cessé de l'être, des associations qui purent être utiles et qui ne seraient plus que séditieuses. L'ambition, si permise aux fidèles serviteurs de la cause royale, a d'autres routes que ces routes mystérieuses. En s'obstinant à les suivre, l'intrigue parviendrait bientôt à leur ravir le prix de leurs services. C'est une maladie réelle, que ce besoin de s'occuper du Gouvernement pour l'empêcher de gouverner ; de vouloir le composer et le recomposer chaque jour, au gré d'espérances mal définies et mal conçues : tout ce qui part d'affiliations particulières n'est-il pas à bon droit suspect, par cela seulement qu'il est impossible que leurs prétentions puissent être en harmonie avec l'ordre de choses régulièrement établi.

Et c'est au nom de semblables abus que l'on proscrit la police générale ! c'est en calomniant sa vigilance par des craintes factices et des alarmes imaginaires, circulairement et périodiquement propagées, qu'on a tenté de prouver l'inutilité de la police, ou sa négligence, ou son infidélité peut-être. Mais nous dirons à ces gouvernans empres-

sés : ou vos alarmes sont fondées, et la police doit exister pour en détruire l'objet et
vous rassurer contre tout danger, ou elles
ne sont que feintes, et c'est à la police encore d'en prévenir l'effet, et de rassurer
contre vous le Gouvernement et le peuple.
en un mot, c'est à la police de faire la police;
elle observe, elle agit par des moyens dont
elle dispose par ses propres droits, par le
grand intérêt de la sûreté de l'Etat qui lui est
confié, par la force inhérente à son institu-
tion; elle est une comme le Gouvernement;
elle concourt à tout, et tout lui est auxiliaire.
Est-ce donc là, je le demande, un Ministère
inutile ? utile contre les ennemis du Gouvernement, il ne l'est pas moins, à cause de ses
prétendus amis.

Au nom du Roi légitime, au nom de la
France intacte, plus de partis, plus de dénominations distinctes. Soyons tous Français,
soyons tous sujets du Roi de France, soyons
tous concitoyens de la même Patrie ! et sou-
venons-nous bien que la perte des Etats commence du jour où les passions effacent la ligne
qui sépare le Gouvernement des gouvernés :
c'est une digue rompue, et le torrent entraîne
tout.

———

CHAPITRE XXXV.

S'il est vrai que la Police générale soit inconstitutionnelle ,
inutile et de plus très-dangereuse.

Voici comment s'exprimait sur la police un
littérateur , un savant, un philosophe sans
passion , ce Fontenelle qui savait taire quelques vérités quand il le fallait, mais qui se serait bien gardé d'appeler le mensonge à son
aide , parce que le mensonge gâte une bonne
cause et ne sert qu'à rendre une mauvaise
plus mauvaise encore ; il disait donc , et l'on
a toujours cité ce morceau avec éloge : « Igno-
» rer ce qu'il vaut mieux ignorer que punir ,
» et ne punir que rarement et utilement ; pé-
» nétrer, par des conduits souterrains , dans
» l'intérieur des familles , et leur garder les
» secrets qu'elles n'ont point confiés , tant
» qu'il n'est point nécessaire d'en faire usage ;
» être présent partout sans être vu ; enfin ,
» mouvoir ou arrêter à son gré une multitude

» immense et tumultueuse, et être l'âme tou-
» jours agissante et presqu'inconnue de ce
» grand corps : voilà quelles sont, en général,
» les fonctions du magistrat de la police ».

Les temps sont donc bien changés ! il n'est point de mal aujourd'hui dont cette pauvre police ne soit accusée par un savant, par un littérateur célèbre à bon droit ; je n'ajouterai pourtant point par un philosophe. Selon lui, trahison, corruption, infidélité, impuissance pour arrêter les complots, invention de conspirations, telles sont en gros les attributions de la Police générale. Ajoutez la *pourriture* de ses agens, ses *Perlet*, la gendarmerie dont elle dispose, la royauté, oui la royauté qu'elle exerce, les domestiques qui vendent les maîtres, les fils qui livrent leurs pères, l'amitié, l'innocence circonvenues de piéges, l'or qui coule à grands flots, la peste, sans doute, qu'on tient aussi en réserve, et vous vous demanderez comment, les mers étant libres, il reste encore un honnête homme en France ! Pour échapper à cette infernale police, qui ne s'empresserait de fuir, fut-ce jusqu'à Jérusalem ? Les Arabes ne sont-ils pas de bonnes gens en comparaison des familiers d'une inquisition politique qui étend, sur tout

le Royaume , les mille bras de son armée in-
visible ?

Et en effet, qu'y-at-il de plus inconstitu-
tionnel qu'une police trop habile à démas-
quer ceux qui ne proclament la Charte que
pour mieux l'anéantir ? Quoi! grâce à sa vigilance , les espérances coupables , les démar-
ches téméraires , les sociétés clandestines
seront environnées de lumière : quelle trahison ! elle rendra compte de tout à un Prince
clairvoyant dont la longue expérience soumet
à un jugement sûr les hommes et les choses :
quelle infidélité ! au nom du Roi , elle ac-
cueillera l'indigence par des secours, le dé-
vouement par des récompenses ; elle atteindra
même de ses bienfaits la calomnie qui les
sollicite : quelle corruption ! renoncer à voir
des complots partout, à trouver dans chaque
ville , dans chaque bourgade , de château en
château, des foyers de rebellion, peut-on plus
hautement manifester son impuissance à prévenir et à déjouer de vastes complots ? et puis
n'est-ce pas en même temps inventer des
conspirations pour son propre compte, que
de suivre les fils de celles qui peuvent exister,
que de préparer des aveux et des révélations

à la Justice, que de la saisir des coupables et de laisser prononcer les Tribunaux !

Hæc mea sunt veneficia, pourrait dire la Police citée elle-même au tribunal de l'opinion. « Je veux réunir, tel est mon machia- » vélisme : je veux le règne des lois à l'abri » du Trône, telle est la domination que j'af- » fecte. » Mais vous qui lui parlez de Perlet, c'est donc à la police de l'usurpateur que vous vous adressez. Ce ne peut être à un Ministère qui se respecte et que vous respectez si peu : Perlet n'y mettait point les pieds. Sans éclat, sans vain appareil, ce Ministère a su écarter encore d'autres instrumens non moins odieux du despotisme. La plupart tourmentés du be- soin de mal faire, et désespérés de voir leur proie leur échapper, ont frappé à la porte des passions et de l'inexpérience ; ils ont vendu à d'autres polices leurs mensonges de circons- tance et leurs fureurs d'emprunt. Les jour- naux en ont dit quelques mots, et ne devaient pas tout dire : nous imiterons leur réserve. Qu'il suffise de faire observer que dans cette lutte de la Police générale contre tant de po- lices mystérieuses désavouées par le bon sens, non moins que par la saine politique, il fallait

que la première eût raison chaque fois et à
chaque instant , et qu'elle épuisât ses forces,
si les forces consacrées au service du Roi n'é-
taient inépuisables, à repousser des atteintes
personnelles et à faire triompher la vérité.

La Police générale n'a point la gendarmerie
à sa disposition ; les lois y ont pourvu : elles
ont démarqué les pouvoirs. La Police générale a pour agens immédiats les préfets. Dans
toutes les préfectures est déposée sa corres-
pondance , monument de modération et de
justice , et en cela elle n'a d'autre mérite que
de remplir un rôle clairement indiqué lorsque les passions fermentent , et que le royalisme exclusif des uns, la défiance des autres,
les ambitions, les vanités et les prétentions
de plusieurs, semblent avoir dénaturé ces
idées si simples, ce sentiment si pur des convenances, ce besoin d'ordre, de soumission
et de fidélité. Tout est en dehors aujourd'hui.
La police est devenue de la politique; il le
faut bien. A quoi bon des légions d'employés
invisibles? pour savoir mal, à prix d'argent, ce
qu'on dit tout haut pour rien et avec toute la
jactance, tout le délire de l'esprit de parti.
Que les maîtres, que les pères dorment tran-
quilles : il n'y a point encore de bureaux ou-

verts pour trafiquer de la fidélité des domestiques et de la piété filiale des enfans. Les
proscriptions ne sont point à l'usage d'une
police tutélaire. Ces déclamations poëtiques
qu'on applaudit dans Cinna, sont bien ternes
dans une diatribe contre la police. On manque
le but alors qu'on le dépasse. Boileau qui a
rimé un lieu commun contre les femmes, en
comptait du moins jusqu'à trois d'honnêtes.
Mais trois honnêtes gens à la police! il paraît
décidément qu'on les lui refuse. C'est en
vain que, renfermés dans le cercle de leurs
pénibles fonctions, vivant avec réserve dans
le monde, exercés à démêler l'imposture,
prompts à présenter de justes réclamations,
encouragés à faire valoir tout ce qui peut
atténuer des torts, rendre moins rigoureuse
l'action de l'autorité et concilier les esprits,
des pères de famille, étrangers à l'intrigue,
suivent librement le mouvement de leur cœur,
n'obéissent qu'à la voix de leur conscience
et travaillent à découvert : ils appartiennent
à la police. Oh ! ils le savent ; ils savent aussi
que la femme de César ne doit pas même être
soupçonnée, et ils évitent de laisser prise
au soupçon. Certes il en est plus d'un que
nous pourrions citer. Mais l'injure les atten-

dait, et est venue les frapper au cœur. L'injure ne les dégoûtera pas de la probité : il est
des consolations qu'on ne saurait leur ravir.
Faibles roseaux, on peut les briser, mais les
fourvoyer de la ligne de modération où les
place la volonté du meilleur des Rois, jamais !
Ils feront leur devoir *quand même....*

CHAPITRE XXXVI.

Moyens proposés pour diminuer le danger de la Police générale , si elle est conservée.

———

On propose d'attribuer les droits et les fonctions de la Police générale au Ministère de la justice.

Rien n'est plus incompatible.

La police est une autorité plus ou moins arbitraire : l'arbitraire n'a point de plus irréconciliable ennemi que la justice ; la police n'a qu'un pouvoir discrétionnaire; il n'y a rien de moins discrétionnel que la justice : la police varie dans ses formes, dans ses moyens , suivant les circonstances et les personnes ; il y a unité d'action, uniformité de moyens, et jamais acception de personnes de la part de la justice. Tout est donc différent dans la nature de ces deux pouvoirs.

La police intervient dans tous les actes de l'administration; le pouvoir judiciaire ne

peut conserver son indépendance qu'en s'iso-
lant de toute action étrangère à celle des lois.

Enfin, c'est pour le Ministère de la justice
principalement que la police est une auxiliaire
utile et indispensable : elle précède son action,
la prépare et la facilite; elle fait plus encore,
elle suit, elle complète, elle supplée cette
action.

La police découvre une intrigue, elle en
suit les traces, elle en atteint les agens, et
après avoir rassemblé la masse des faits, les
élémens de conviction, et les personnes des
prévenus, elle livre tout à la justice : où finit
le rôle de l'une, commence celui de l'autre.

Une procédure est entamée; les débats
l'éclaircissent ou l'embrouillent. Je suppose
que les termes du Code soient inapplicables,
que l'esprit de la loi condamne les accusés, et
que la lettre les acquitte ; ils sont acquittés :
qui préservera la société de leur retour dans
son sein, au moment où ils triomphent de
leur impunité!

La police supplée ce que la justice a dû
laisser incomplet : une mesure de précaution
garantit la sûreté et la morale publiques.

Je découvre une foule de pensées sous cet
aperçu, parce qu'il n'y a rien de plus fécond

qu'une idée vraie. Je m'arrète, car il me paraît que si la réunion de la police à quelque autre Ministère était mise en question , il serait facile en développant les motifs qui ne sont qu'indiqués dans ce chapitre, de démontrer qu'il n'y a pas d'incompatibilité plus prononcée que celle de la Justice et de la Police , unies dans leur action , mais si diverses par leurs moyens , leur but, et leurs résultats.

J'ajouterai un fait à ces raisonnemens : un homme qui a tout osé, a aussi tenté cette alliance, et sa tyrannique obstination s'est vue réduite à reculer devant l'impossible.

Nous avons examiné et détruit toutes les objections élevées contre l'existence du Ministère de la police : revenons au Ministère en général.

CHAPITRE XXXVII.

Principe que tout Ministre constitutionnel doit adopter.

—

On demande quels sont les principes généraux d'après lesquels doivent agir les Ministres ?

Le premier et le plus nécessaire de tous, c'est de se pénétrer fortement des intentions du Roi et de l'esprit de la loi fondamentale : double mobile de leurs actions, qui ne porte point en lui-même un germe d'antipathie, sous le Monarque-législateur.

Ainsi, par exemple, si un zèle trop ardent entraîne certains hommes à prétexter de leur amour pour le Roi, contre l'esprit de la Constitution, et des prétendus intérêts de la royauté contre les dispositions précises de la Charte, les Ministres du Roi qui sont exclusivement les gardiens de la Majesté royale, et conjointement avec les Chambres les conservateurs de la Constitution, signaleront des excès attentatoires aux deux intérêts qu'ils ont mission de défendre.

Si les Chambres ou seulement si l'une des deux Chambres affectait, par des propositions imprudentes ou des demandes indiscrètes, de harceler les Ministres du Roi, ceux-ci, au nom de l'autorité royale dont ils sont les délégués, éviteraient de compromettre plus souvent la dignité de leur caractère, en se rendant à l'assemblée, au milieu de laquelle leur présence seule aurait éveillé les passions.

Si les lenteurs apportées dans la discussion du budget grèvent d'autant le Trésor royal, et en tarissant d'ailleurs les sources du commerce et des transactions, alimentent d'intérêts cumulés les créances étrangères, il est bien permis aux Ministres de s'impatienter, et de demander aux orateurs moins d'érudition, beaucoup moins d'éloquence, et quelque peu de patriotisme.

Et d'un autre côté, si, dans un journal ou dans un pamphlet, il est échappé à un publiciste des expressions étranges, s'il a énoncé des principes trop constitutionnels, les Ministres auront quelque droit de sourire des alarmes de ceux qui feindront d'y voir une conspiration secrète contre la légitimité, et de croire que tout va se perdre , que tout est perdu.

Tel homme conseille aux Ministres de ne point se fâcher contre des déclamations lancées du haut de la tribune d'une assemblée nationale qui , pour sa part, frémit des innocentes plaisanteries d'une gazette. Telles sont les inconséquences de l'esprit humain. *Lorsque six à sept cents personnes*, disait récemment un illustre Pair, *ont le droit de parler, et que tout un peuple a le droit d'écrire; il faut se résigner à entendre et à lire bien des sottises.*

CHAPITRE XXXVIII.

Continuation du même sujet.

Ce serait assurément un homme mal habile que l'orateur ou l'écrivain qui, en usant des mots de *morale*, de *religion*, de *vérité*, de *justice*, ne produirait aucune impression sur des cœurs Français, et ne saurait pas, à l'aide de ces noms magiques, commander le silence, l'attention, le respect et l'attendrissement. L'éloquence est facile à ce prix, la conviction est toute de sentiment, et il y a trop de ressources dans la langue française et dans le caractère national, pour qu'une semblable logique ne soit pas, à coup sûr, victorieuse : l'électricité la plus rapide, en France, est celle de l'honneur : tous les cœurs français forment la chaîne.

Cette chaîne a été interrogée en 1789 par le mot *Liberté* : elle a répondu : mais ce mot a perdu sa pureté primitive ; la baguette électrique s'est rouillée dans le sang , et la chaîne est restée muette.

Plus tard, interrogée par le mot *Monarchie*, elle a doucement frémi de souvenir et d'espérance ; mais elle a cessé de répondre au *despotisme.*

Enfin la liberté monarchique, la *monarchie constitutionnelle* a vibré sur tous les cœurs : ils se sont tous réunis, ils ont tous répondu ; la chaîne s'est renouée, le sceptre royal, dans les mains d'un Bourbon, a rendu son action à l'électricité du patriotisme !

Il est donc bien facile, trop facile peut-être, de faire sensation sur l'opinion publique, en France, à l'aide du prestige des mots qui composent la langue de la chevalerie et de l'honneur ; mais plus l'effet qu'ils produisent est assuré, plus sera coupable l'orateur ou l'écrivain qui, abusant de ce talent de bien parler ou de bien écrire, mettra en danger la Royauté, par métonimie, et l'Etat, par métaphore.

Qui jamais a prononcé que la liberté et la religion étaient inséparables ? Qui a dit que les *idées généreuses* en politique ne peuvent s'allier avec le respect que l'on doit aux principes de la justice et de la vérité ? Dans quelle occasion, en quels termes, par qui, dans

quel but cette doctrine aurait-elle été pro-
clamée? Il vous est bien facile d'accuser va-
guement: mais c'est une triste ressource!

A défaut de réactions physiques, ainsi que
vous les désignez (et je frémis de penser combien ce mot renferme d'horribles images),
vous voulez des réactions morales, c'est-à-dire
qu'il sera permis à l'opinion de flétrir telle
action, aux discours d'attaquer tels principes, ou de rétablir tels et tels droits (re-
marquez bien ceci) : c'est-à-dire enfin qu'on
pourra prescrire la volonté royale et les garanties de la Charte; et, par des accusations
sans cesse renouvelées, et des dénominations
de partis rendues héréditaires, éterniser les
restes de nos longues dissentions.

Déchirez donc aussi l'histoire de Henri IV,
tandis que nous faisons relever sa statue sur
les bords de la Seine ! Imposez silence à ces
concerts, dans lesquels retentit l'air national
vive Henri IV ! et à tous les cœurs qui répètent
ce chant français, ou rappelez-vous avec respect et attendrissement que Henri IV a tendu
la main au duc de Mayenne, et qu'il a défendu, sous les peines les plus sévères, et
par un édit formel, qu'on osât appliquer à
quelque Français l'injurieuse dénomination
de *Ligueur.*

Qu'est-ce donc encore que ces noms de *Jacobins*, de *Buonapartistes* et de *Fédérés*, que l'on ne craint point d'employer, et dont ont essaié de justifier le sens, par la légitimité de *réactions morales* ! il y a des mots qu'il faut rayer de tout écrit politique, et de la langue nationale, puisque le souvenir même des malheurs auxquels ils se rattachent est effacé du cœur du Roi ! Henri IV et Sully en savaient moins long, à ce qu'il paraît, que nos docteurs en politique : l'un ni l'autre n'auraient jamais imaginé cette absurde distinction des *réactions physiques* et *morales* ! j'ai dit absurde, pour ne pas dire criminelle !

Il n'y a plus, en France, *d'hommes de la Révolution*, *de Jacobins*, *de Royalistes*, *de Buonapartistes*, *de Républicains*; il y a des Français, et des sujets du Roi de France.

Tous sont également attachés à cette Charte, parce que la première condition en est l'hérédité du trône dans la famille des Bourbons, parce qu'elle renferme les garanties nécessaires et obligatoires de tous les intérêts privés et conséquemment de l'intérêt public intérieur, parce qu'à cette Charte sont annexés, les traités du 31 mai 1814 et du 20 novembre

1815, qui conservent à la France, extérieure-
ment, son existence politique, que l'ambition
et les crimes d'un homme avaient risqué de
lui faire perdre à jamais ! Qu'on ne s'y trompe
pas : c'est ainsi que les Souverains l'ont compris ; ces traités partiels de l'Europe avec le
Roi de France, et du Roi avec le peuple
français sont indivisibles et indissolubles :
qui veut en attaquer un séparément, doit
songer qu'il les détruirait tous : c'est un pacte
européen.

On s'est étonné que dans la dernière
Chambre des Députés, les rôles aient été in-
tervertis à ce point que les hommes qui pré-
tendaient au royalisme exclusif, aient plaidé
avec le plus d'ardeur les intérêts de la liberté
en général, tandis que les hommes qui, par
leurs habitudes, sont plus nécessairement
attachés aux doctrines constitutionnelles,
auraient invoqué les principes monarchiques:
cette contradiction s'explique naturellement,
comme un effet du contre-sens politique sous
l'influence duquel les élections avaient été
opérées. Dévoués, par leur naissance, à des
intérêts purement monarchiques, la plupart
des Députés qui composaient la Chambre, sa-
crifiaient quelquefois à leur mandat, en usur-

pant dans les discussions la part des idées libé-
rales : et peut-être n'était-il pas hors de tout cal-
cul personnel de chercher ainsi à populariser
leurs propositions incidentes. Mais l'équilibre
a dû se rétablir, et les membres constitutionnels
de la Chambre ont employé tous leurs efforts
à contrebalancer cette popularité peu désin-
téressée : les déclamations en faveur de la
démocratie royale ont fait naître celles à l'appui de la *liberté monarchique* : dans l'une et
l'autre part on a exagéré les principes, et les
conséquences en ont été vicieuses : des deux
côtés, on a été entraîné à des idées fausses ,
parce que tous les principes extrêmes nais-
sent, comme les guerriers semés par Cadmus,
les uns des autres, pour se combattre entre
eux. Telles sont les suites incalculables d'un
contre-sens d'hommes ou de choses : il n'y en
a point d'impuni en politique.

CHAPITRE XXXIX.

Que le Ministère peut conduire, mais ne doit jamais
suivre les Chambres.

———

Assez les Français ont été amusés de vaines
et brillantes théories ; on est avide aujour-
d'hui de résultats positifs et d'applications
directes. Les progrès des sciences exactes
aussi bien que les sévères leçons d'une révolution opérée par des contre-sens d'idées
et de mots, ont en quelque sorte précisé l'esprit français : on demande d'un homme ce
qu'il vaut personnellement ; on cherche dans
une chose ce qu'elle renferme d'utile ; un
livre n'a plus de mérite que par le fonds. Il
semble que notre curiosité, fatiguée des
scènes multipliées, si rapidement déployées
à nos regards depuis vingt-cinq ans, ne demande à se reposer qu'au profit de notre
jugement, et qu'après avoir tant vu, tant
écouté, nous éprouvions aujourd'hui le be-

soin d'examiner et de conclure : l'histoire se prépare.

Quoi qu'il en soit des causes de cette disposition du caractère national, au moins est-il bien vrai qu'il ne se montre plus guères docile aux impressions irréfléchies. Je doute qu'un mouvement oratoire produise désormais un grand effet à la tribune : nous ressemblons beaucoup à ce géomètre qui demandait, après la représentation d'une tragédie : *Qu'est-ce que cela prouve ?* Nous aussi, spectateurs d'un drame long et sanglant, nous nous en demandons compte les uns aux autres, en disant : *Que nous en est-il resté ?*

Un tel mouvement dans l'esprit public n'est sans doute pas très-favorable aux poëtes ; mais il est le plus profitable au salut de la patrie, après une révolution, dont toutes les erreurs n'ont été occasionées que par un entraînement trop facile, et une trop injuste appréciation des hommes et des choses. C'est aujourd'hui qu'on peut dire avec beaucoup plus de vérité qu'on ne l'a dit à la convention en 1794, c'est aujourd'hui qu'il faut des têtes froides et des cœurs chauds : il ne s'agit plus de faire, il s'agit de terminer la révolution.

C'est avec des mots qu'on l'a commencée,

c'est en revenant aux choses qu'on la finira. La première précaution à prendre, désormais, en politique, ce sera donc d'examiner les mots dont chaque parti fera usage ou abus. Le mot *majorité*, par exemple, a été beaucoup employé depuis quelque temps, avec une assurance qui semblait ne laisser aucun doute sur la signification de ce mot, qui n'en a aucune réelle : c'était pour quelques personnes un mot aussi absolu que le mot *Gouvernement*. Qu'on nous permette quelques réflexions à cet égard.

Des hommes, dont les sentimens sont louables sans doute, mais dont la conduite ne l'a pas toujours été, ont voulu faire, de ce qu'ils appelaient la *majorité* de la Chambre des Députés, un parti en France, une puissance qu'ils élevaient au-dessus même de la puissance royale : un mot tombé du trône a fait évanouir ce fantôme d'autorité. Le danger de ce pouvoir factice a cessé du moment où a commencé l'imprudence des hommes qui se l'arrogeaient ; et cependant on ne peut mettre en doute la haine bien prononcée de ces personnes mêmes contre tout ce qui était usurpateur et usurpation. Mais c'est ainsi que l'on raisonne en France : on ne veut pas comprendre, qu'en politique, et lorsqu'il s'agit surtout du respect dû à la Majesté royale, il n'y a point de degrés du plus au moins, et que la différence des intentions et des causes n'est rien, si d'ailleurs les effets se ressemblent. Il en était ainsi ; l'autorité était menacée d'invasion : une ordonnance royale a tout remis dans l'ordre.

« Qu'est-ce d'abord que la majorité d'une assemblée abstractivement considérée? J'entends fort bien (je cite un orateur distingué) ce qu'on veut dire quand on me dit que, dans telle délibération, la majorité, pour ou contre, a été de tant de voix; mais que cette majorité soit constamment la même dans toutes les délibérations, c'est ce que je ne saurais concevoir, à moins de supposer un esprit de parti qui égare la portion la plus nombreuse de l'assemblée, au point de lui faire admettre ou rejeter aveuglement tout ce qui lui est proposé de telle ou telle part : supposition absurde, surtout si on prétendait l'appliquer à des hommes éclairés, sages, et réputés l'élite de leurs concitoyens. La majorité de toute Assemblée est donc continuellement variable, et ne se compose que bien rarement dans des cas divers, du même nombre et des mêmes individus. Quelle alliance serait possible avec un être métaphysique, aussi fugitif, aussi idéal ? »

« Je ne comprends pas davantage pourquoi la prospérité publique ne pourrait résulter que de l'influence du Ministère sur cette majorité, ou de cette majorité sur le Ministère. Toute cette fameuse théorie anglaise ne me paraît, il faut l'avouer, qu'un véritable agiotage politique. »

« Les Français ne sont pas un peuple de marchands : tout n'est pas, pour eux, objet de spéculation et de commerce. Ne souhaitons pas de voir dégénérer à ce point leur antique loyauté : ce qui convient éminemment à notre Nation, c'est la franchise; il faut qu'on la trouve partout au milieu de nous, surtout dans notre Gouvernement et dans nos institutions. Les bases en ont été posées par le tems : elles ne peuvent être consolidées à jamais que par la confiance. »

Si la nécessité de suivre cette majorité est imposée au Ministère par des hommes qui croient que la majorité de la Chambre des Députés représente nécessairement la majorité de la Nation, nous invoquerons à ce sujet, avec trop d'avantage, l'exemple de la dernière Chambre. Si on ne gouverne point hors de la majorité nationale , c'est-à-dire, hors des intérêts du plus grand nombre, nous avons vu qu'il y avait des cas où , pour être conséquent, on n'avait rien de mieux à faire que de gouverner hors de la majorité d'une assemblée : l'événement a pris soin de justifier le système. J'ai démontré ailleurs que l'existence prolongée d'un Ministère prouvait seule qu'il était l'expression de l'opinion publique.

Ce qu'il y a de préférable, sans doute, c'est qu'un Ministère dirige une Chambre, mais en aucun cas il ne doit la suivre. Le Ministère actuel a rempli ces deux conditions. La Chambre des Pairs a marché de front avec lui ; la Chambre des Députés s'est isolée ; elle a voulu imprimer la direction qu'elle doit recevoir ; ou ne lui a opposé qu'une résistance courageuse , et la violence de ses attaques n'a rendu que plus terrible le choc qui l'a renversée.

On a demandé si dans le cas où le Ministère se sentirait le courage de frapper un coup d'Etat , il aurait en même temps les moyens de prévenir les dangers d'élections orageuses , le courage de les réprimer , et l'adresse de les tourner à son profit. Les faits viennent de répondre, et il n'y a eu besoin ni de courage, ni de force, ni surtout d'adresse. Un appel à l'opinion publique a suffi ; la France a répondu à son Roi.

On annonçait, dans ce cas, de grands troubles : tout est tranquille. On prévoyait une réélection complète ; je n'y vois qu'un très-petit nombre de membres de la majorité, ceux dont les lumières sont utiles et le zèle sincère, ceux que six mois de séjour dans leurs départemens ont assez éclairés sur l'état des choses et la situation des esprits (1). On menaçait le Ministère du courroux de cette majorité réélue ; le danger des conséquences a disparu avec le fait lui-même.

Rassurons-nous : il ne reste, en fait de majorité, que celle de la Nation française, fière d'être représentée dans son véritable esprit, par le Roi de France. Cette majorité ne se fera pas honte d'obéir avec empressement et respect à l'impulsion monarchique ; elle veut être dirigée, elle veut l'être par son Roi.

____

(1) Le collége électoral du département de la Somme, par exemple, a compris ce qu'il fallait, et surtout et qu'il ne fallait pas.

CHAPITRE XL.

Que les Ministres ne doivent pas toujours aller aux Chambres.

———

C'EST parce qu'on est Ministre pour en remplir les devoirs, qu'on se doit au service du Roi plutôt qu'aux caprices des Chambres : encore une fois , cette affectation que l'on a de rappeler sans cesse les prétendus devoirs d'un Ministre constitutionnel , ne prescrit point les devoirs positifs d'un Ministre du Roi. C'est une des conséquences de ce déplacement des pouvoirs que nous avons signalé. La Chambre des Députés a voulu attirer à elle les prérogatives royales; elle a dû imposer aux Ministres l'obligation de se rendre aux Chambres. Félicitons les Ministres de la réserve qu'ils ont gardée. Aucun n'a négligé, comme on se permet de l'insinuer , de soutenir les projets de lois qu'il avait présentés à la Chambre au nom du Roi ; les voûtes de la Chambre des Députés retentissent encore du cri d'honneur que l'un d'eux a fait entendre au nom de ses collègues. Nul Ministre ne préférera de s'occuper dans son cabinet, de simples détails d'administration, à prendre part aux grandes décisions législatives. Mais tous, et à ce titre seul ils seront dignes d'être Ministres du Roi de France, tous placeront leur amour-propre dans la religieuse défense de l'autorité royale dont ils sont mandataires, tous opposeront une noble résistance aux empiétemens de la démocratie, et la France les en remerciera au nom de vingt-cinq ans de révolutions.

———

CHAPITRE XLI.

Que depuis la Restauration un même système a été suivi par les trois Ministères.

Ce chapitre s'explique par son titre même : c'est justifier le fait que de l'énoncer, et dir-que , depuis la restauration , les trois Minise tères qui se sont succédés ont suivi le même système , c'est démontrer qu'ils ont dû le suivre : en pareil cas , l'existence d'un fait prouve sa nécessité. Cette idée est féconde en développemens.

Dans la Monarchie constitutionnelle, que fait la Couronne, en changeant, je ne dis pas un Ministre , mais un Ministère entier ? Elle annonce un changement de système politique, ou au moins d'importantes modifica-sions dans le système adopté. Que font les nouveaux Ministres ? ils s'engagent par le fait teul de leur acceptation à faire mieux, ou du moins à faire autrement que les Minis-

tres démissionnaires : ce qu'on doit le moins
leur contester d'abord, c'est l'intention d'in-
nover. Dans tous les cas, un changement de
Ministère nous prépare donc à quelque chose
de nouveau.

Mais que sera-ce, si, de trois Ministères qui
se succèdent avec de telles intentions, il n'en
est pas un qui n'adopte aussitôt, ou insensi-
blement, le système dont le premier des trois
n'a sans doute reçu le mouvement que de la
force des choses elle-mêmes, et de la tendance
des esprits ? Que faudra-t-il en conclure ?

Deux choses : la première, c'est que telle
est la constante volonté du Souverain ; la
seconde, c'est que tel est le véritable intérêt
de l'Etat.

Si les Ministres qui se sont succédés ont
marché sur les mêmes traces, c'est qu'il n'y
avait qu'un chemin.

Oui sans doute, il n'y en a qu'un : toute la
Nation est fière d'y marcher, ayant à sa tête
son Roi, son bon Roi ! Malheur à qui veut
diverger : des précipices bordent la route ;
que ces hommes insensés perdent le vain
espoir d'y entraîner avec eux le Trône et la
Patrie !

Mais que si, mieux instruits de l'intérêt

public et de leur intérêt personnel, ils veulent marcher avec nous dans ce chemin où notre Roi nous a tous appelés, nous leur ouvrons nos rangs, nous leur offrons l'appui de nos bras, et toute révolution sera terminée à jamais.

CHAPITRE XLII.

Du premier Ministère.

———

Je ne m'établis, sous aucun rapport, l'apologiste du premier Ministère, de celui de 1814. Je ne sais même s'il y a beaucoup d'hommes sur la terre dont on puisse, avec bon sens et bonne foi, se déclarer l'avocat envers et contre tous : ce qu'on peut faire de mieux, en politique, c'est de n'attaquer ni de ne défendre des hommes ; mais ce qu'on doit faire, avant tout, c'est de juger les choses : et comme il n'y en a point où des hommes ne soient mêlés, l'éloge ou la censure que l'on fait des unes renferme implicitement le blâme ou la louange des autres.

Le premier Ministère avait-il grand tort de s'en prendre à la nature des institutions, aux corps, aux individus, du mécompte qu'il éprouvait dans sa marche et dans ses desseins ? une brusque transition du système impérial au système représentatif était elle possible ?

La veille, un despotisme sans bornes, le lendemain une liberté presque illimitée ! hier
Attila et son épée, demain un Bourbon avec
sa Charte ! et vous vouliez que ce changement,
le plus rapide, le plus inespéré, le plus com-
plet, fût effectué en une minute, sans qu'aucune mesure mixte ne préparât le passage, et
ne facilitât les conversions.

Entre le despotisme militaire, et la liberté
constitutionnelle, il fallait quelques mois de
Monarchie : vous ne l'avez pas voulu. Vous
vous êtes imprudemment jetés dans des discussions sur la théorie des Gouvernemens re-
présentatifs : ce qu'on fait aujourd'hui avec utilité, on l'a fait alors avec danger. Vous qui na-
guères aviez fléchi sous la tyrannie d'un Corse,
vous vous seriez cru peut-être humilié sous
l'absolue paternité d'un Bourbon ! on a voulu
des lois, au lieu d'ordonnances, comme si
des lois s'improvisaient ! Dumolard (*de
Grenoble*) a prêché les principes ultra-cons-
titutionnels du haut de la tribune ; Carnot a
imprimé son mémoire ; le Nain Jaune a épuisé
son carquois ; et tandis que l'on délibérait
sur la nature des pouvoirs dans la Constitution anglaise, Buonaparte débarquait le

1er mars en France à la tête de 1,100 hommes:
le 20 au soir il escalada le palais de son Roi!

Dès le lendemain, les intrépides défenseurs
de la constitutionnalité étaient ou conseillers d'Etat de l'usurpateur, ou ses commis-
saires extraordinaires dans les départemens.

Est-ce donc le Ministère de 1814 qu'il faut
en accuser ?

Ce Ministère avait sans doute assez de lumières pour s'apercevoir qu'on se trompait;
mais on ne lui laissait pas assez de force
pour avoir raison, d'autorité et au nom du
Roi ! il fut entraîné par le torrent, et le torrent vomit sur le rivage Buonaparte, et la
seconde invasion.

A cette époque, on connaissait trop im-
parfaitement le nouvel ordre de choses dans
lequel on venait d'entrer, et les hommes nouveaux qui se présentaient pour y prendre
part ; on n'avait donc pas encore remarqué
le point où leur alliance est possible. L'incompatibilité paraissait évidente entre un émigré
et la Charte, lorsque l'émigré, en rentrant
en France, s'attendait à y retrouver au moins
le despotisme de Buonaparte dans les mains
d'un Bourbon. Car, c'est bien à tort qu'on

reproche aux Français, je veux dire à toute la population, restée attachée au sol de la patrie, d'avoir redemandé au Roi les institutions impériales ! Nous en avions fait une trop cruelle expérience ; il est beaucoup plus vrai de dire que les hommes surtout restés fidèles dans l'exil à l'auguste Famille des Bourbons, espéraient d'elle, à son retour en France, un règne absolu comme celui de Buonaparte, avec toute la différence qu'il y a d'ailleurs entre le crime et la vertu, la légitimité et l'usurpation, un amour éclairé de l'humanité et l'aveugle passion d'une fausse gloire.

Cette remarque, qu'on a trop négligé de faire, explique de la manière la plus satisfaisante et la plus complète l'éloignement que cette classe de nouveaux Français manifesta d'abord pour la Charte, et, quelque temps après, l'espèce de fanatisme aussi peu mesuré, avec lequel plusieurs d'entre eux se précipitèrent dans les abstractions constitutionnelles.

Le Ministère de 1814 eut à lutter contre ces premières préventions : la lutte, dans le second cas a été réservée au Ministère de 1816. L'esprit français ne connaît point de juste milieu. On traitera de mauvaise plaisanterie ce que je vais me permettre d'affirmer, c'est que la France est peut-être, de tous les pays, celui dans lequel il s'élève le plus souvent des procès à l'occasion de *murs mitoyens*. Mais que mes lecteurs soient moins sévères ; le caractère d'un peuple se trahit dans les détails les plus vulgaires des relations sociales.

Ainsi, le premier Ministère n'entendit qu'avec étonnement les royalistes les plus avérés lui demander le despotisme de Buonaparte au profit des Bourbons. Il céda, et avec les choses il accorda les hommes ; car les unes ne pouvaient se passer des autres. Delà, ces trop nombreuses promotions aux emplois civils ou militaires, d'hommes dévoués à Buonaparte. On en fit ensuite un crime à ce Ministère, après lui en avoir fait une nécessité ; c'est ainsi qu'on raisonne en France ; il fallait s'y attendre. Toutefois, le préfet du Var n'était pas un homme de Buonaparte, et quelque zèle dont il fit preuve en cette occasion, il ne retarda point la marche de Cannes à Paris.

Si, en 1814, les vanités blessées et les amours-propres humiliés se sont donné rendez-vous, ainsi qu'on nous l'apprend, sous le grand abri des principes révolutionnaires, j'avoue, pour ma part, que je n'en avais rien aperçu, et je croyais, au contraire, que le Ministère de 1814 avait coupé l'arbre au pied, en datant les actes du Gouvernement de la vingt-deuxième année du règne de S. M. Louis XVIII. Mais ce que j'ai vu, ce que je vois encore, c'est une alliance inconcevable, monstrueuse, fatale, entre les passions, de quelque couleur qu'elles soient. Un appel a été fait à toutes : aucune n'a manqué d'y répondre. « Avez-vous pris part aux fureurs révolution-naires; venez à nous, criait-on à certains hommes; un excès en expie un autre : avez-vous dans des fonctions publiques exagéré les mesures rigoureuses dont un tyran vous avait remis l'exécution ? venez à nous; c'est de l'exagération qu'il nous faut. Avez-vous transigé avec les principes de l'honneur, de la bonne foi, de la probité, nous avons be-soin d'instrumens impurs, venez à nous : nous nous servirons de vous contre qui que ce soit, car nous avons en définitif la res-source de vous briser.» Ainsi se sont entendus des hommes qui se fédéraient contre la Révo-lution, les uns parce qu'ils avaient à faire ou-blier telle ou telle action de leur vie; les autres parce qu'ils avaient en vue de pres-crire tels ou tels intérêts qu'elle avait con-sacrés : coalition terrible des passions, des

ambitions , des ressentimens , des remords ,
sous l'étendard commun de l'exagération ! et
contre qui ? contre la France ! pour qui ? ce
n'était pas assurément pour le Roi !

CHAPITRE XLIII.

Actes du premier Ministère.

APPAREMMENT que le salut d'un Etat n'est pas dans l'alliance indispensable du Ministère avec la majorité, puisqu'en 1814 la majorité et le Ministère étaient en effet unis, et que le 20 mars n'en eut pas moins lieu. C'est, dit-on, que le Ministère ne profita pas de cette alliance. Certaines gens ont des raisons prêtes pour tout, mais toujours contre un même but.

Une loi, sans doute imparfaite, mais provisoire, puisque la durée même en était limitée, fut néanmoins présentée par les Ministres et adoptée par les Chambres. Toute insuffisante qu'elle paraît à quelques personnes, il en est qui ne la trouvent, sans doute, que trop appropriée aux besoins du Gouvernement: j'en appelle à leur expérience.

C'est à cette loi sur la liberté de la presse qu'on borne les actes du premier Ministère : l'injustice est trop matérielle. Voici les actes de ce Ministère tant accusé, si mal défendu, parce que les événemens ont en apparence justifié les accusations et détruit implicite- ment les apologies.

Au 1er avril 1814, la France était occu- pée militairement par 300,000 hommes de troupes étrangères ; des villages et des fau- bourgs fumaient encore ; 20,000 soldats pri- sonniers regrettaient le ciel de la patrie ; les fonds publics étaient à 45 francs, les proprié- taires, les fermiers et les paysans épuisés par des réquisitions énormes ; le commerce dans une stagnation profonde ; le trésor dilapidé par les gouvernans renversés.

Au 1er mars 1815, le sol de la France n'était plus couvert que de Français ; des villages étaient reconstruits ; des faubourgs réparés ; les prisonniers rendus à leurs familles ; les fonds publics à 80 francs ; les propriétaires rassurés ; les fermiers indemnisés ; les paysans secou- rus ; des bras et des attelages rendus à l'agri- culture ; les deux mondes ouverts au com- merce ; 40 millions dans le Trésor royal.

Buonaparte arriva : c'était un incident, et si on en accuse le Ministère seul, pourquoi ne lui fait on pas au moins les honneurs de la prospérité qui s'était progressivement accrue jusqu'à ce jour fatal. Il est vrai que tout cela s'était fait sans projets de lois, et surtout sans discussions. Est-ce donc parce que la *majorité* n'y prit aucune part, qu'on trouve juste de méconnaître ces actes du Gouvernement de 1814, ces bienfaits du Roi répandus sur les peuples par ses Ministres?

L'ordonnance la plus importante, publiée dans cet intervalle, concernant l'instruction publique, n'a point trouvé grâce devant les censeurs du Ministère. Elle bouleversa l'éducation, disent-ils : d'abord, leur dirai-je, elle ne créait qu'une commission provisoire, et en laissant le temps nécessaire pour mûrir une loi fondamentale de l'instruction publique en France, elle satisfaisait au besoin le plus pressant de l'État et des familles, en renversant cet état-major universitaire, conception monstrueuse du gouvernement impérial, et en réformant les habitudes militaires des colléges. On devait regretter, il est vrai, que cette nouvelle organisation ne présentât point de place digne du chef respectable de l'université détruite ; mais en politique, il faut plus consulter les choses que les personnes : la chose était nécessaire : la reconnaissance des pères de famille et l'estime du Gouvernement accompagnaient l'ex-Grand Maître.

Voilà ce qu'il fallait dire , pour dire la vérité. Si j'entreprenais de faire des reproches
au Ministère de 1814 , ils seraient bien différens de ceux dont il a été l'objet dans certains livres de parti , et dans un sens bien
contraire ; mais je ne m'arroge point le rôle
de censeur.

Le premier Ministère fut emporté par la
tempête que personne ne pouvait prévoir , et
que personne n'a su arrêter : ainsi Louis XVI
est monté au Ciel ! ainsi Louis XVIII est allé
à Gand ! Nous savons bien qui les y a conduits ; mais aussi nous n'ignorons pas qui les
y a laissés aller : leur voyage est le crime de
quelques hommes ; il est aussi la faute de
beaucoup d'autres.

FIN DE LA SECONDE PARTIE.

TABLE DES CHAPITRES

CONTENUS

DANS LA SECONDE PARTIE.

FIN DE LA TABLE DE LA SECONDE PARTIE.